HANOUKKA

Trudi Strain Trueit

Texte français de Dominique Chichera

SHERWOOD PARK LIBRARY
4085 DOLLAR ROAD
NORTH VANCOUVER, BC V7G 1A5

Catalogage avant publication de Bibliothèque
et Archives Canada

Trueit, Trudi Strain
 Hanoukkah / Trudi Strain Trueit;
 texte français de Dominique Chichera.

(Apprentis lecteurs. Fêtes)
 Traduction de : Chanukah.
 Pour enfants de 5 à 8 ans.
 ISBN 978-0-545-99823-9

1. Hanukkah--Ouvrages pour la jeunesse.
 I. Chichera, Dominique II. Titre. III. Collection.

BM695.H3T7414 2007   296.4'35   C2007-900182-3

Conception graphique : Herman Adler
Recherche de photos : Caroline Anderson

La photo en page couverture montre un jeune garçon devant une *menora*.

Copyright © Scholastic Inc., 2007.
Copyright © Éditions Scholastic, 2007, pour le texte français.
Tous droits réservés.

Il est interdit de reproduire, d'enregistrer ou de diffuser, en tout ou en partie, le présent ouvrage par quelque procédé que ce soit, électronique, mécanique, photographique, sonore, magnétique ou autre, sans avoir obtenu au préalable l'autorisation écrite de l'éditeur. Pour toute information concernant les droits, s'adresser à Scholastic Inc., 557 Broadway, New York, NY 10012, É.-U.

Édition publiée par les Éditions Scholastic,
604, rue King Ouest, Toronto (Ontario) M5V 1E1.

5 4 3 2 1   Imprimé au Canada   07 08 09 10 11

Les personnes qui appartiennent à la religion juive célèbrent Hanoukka. C'est une fête qui commémore un miracle.

Il y a 2000 ans, des gens ont voulu forcer les juifs à abandonner leur religion. Leur armée s'est emparée d'un temple juif. Un temple est un lieu de culte où les personnes se réunissent pour prier et apprendre.

Un ancien temple juif en Israël

Les Maccabées durant une bataille

Un groupe de juifs a résisté. Ils étaient connus sous le nom de Maccabées. Les Maccabées ont gagné la bataille et sont retournés à leur temple.

Les Maccabées voulaient de nouveau consacrer ou bénir le temple. Le mot « Hanoukka » signifie « consécration ». Malheureusement, le peu d'huile qu'ils avaient ne pouvait faire brûler la lampe du temple que pendant une journée. Malgré cela, la lampe est restée allumée pendant huit jours.

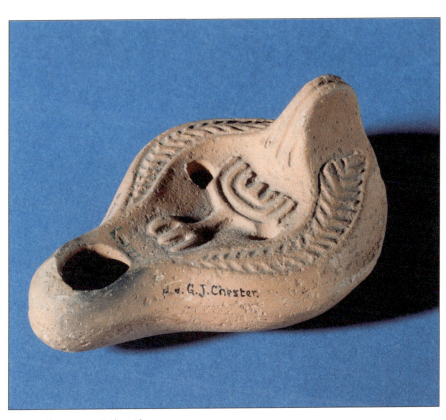

Une lampe à huile

Décembre 2007

Dimanche	Lundi	Mardi	Mercredi	Jeudi	Vendredi	Samedi
						1
2	3	4	5	6	7	8
9	10	11	12	13	14	15
16	17	18	19	20	21	22
23 / 30	24 / 31	25	26	27	28	29

Pour commémorer ce miracle, on célèbre Hanoukka pendant huit jours. Généralement, la fête est en décembre. Les dates changent chaque année.

Hanoukka est aussi appelée fête des Lumières ou fête de la Dédicace.

Durant Hanoukka, les familles allument chaque soir les bougies de la *menorah*. Une *menorah* est un chandelier.

Elle porte huit bougies, plus une, le *chamach*, mot qui veut dire « serviteur ». Le *chamach* est une bougie qui sert uniquement à allumer les autres bougies.

Une menorah faite par des enfants.

Le chamach (la bougie rouge) est utilisé pour allumer les autres bougies.

Plusieurs bénédictions sont récitées avant d'allumer la menorah. Le premier soir d'Hanoukka, on allume le chamach et une bougie. On allume une nouvelle bougie supplémentaire chaque soir jusqu'à ce qu'elles soient toutes allumées.

Les façons de célébrer

On célèbre Hanoukka dans tous les pays où vivent des juifs, y compris au Canada, aux États-Unis, en Israël, en France et en Russie. Durant cette période de fêtes, les gens assistent à des concerts, des défilés et des cérémonies au cours desquelles on allume la menorah.

Une célébration d'Hanoukka à Washington D.C. (États-Unis)

17

Une menorah géante en Israël

En France, on allume une grande menorah devant la tour Eiffel.

En Israël, on organise une course au flambeau. Des coureurs se transmettent le flambeau en allant de ville en ville. À la fin du parcours, le flambeau est utilisé pour allumer une menorah à Jérusalem.

Les menorahs sont fabriquées avec toutes sortes de matériaux, y compris des ballons, du chocolat et des coquillages. En Russie, une menorah a été sculptée dans la glace.

Certaines familles juives fabriquent leur propre menorah pour Hanoukka. Le chandelier peut être confectionné avec de l'argile, du bois ou même avec des pommes de terre!

Une menorah faite à la main.

Des amis se sont réunis pour célébrer Hanoukka.

Certaines familles entonnent un chant après avoir allumé la menorah. Parfois, elles racontent l'histoire de la première fête d'Hanoukka. D'autres familles aiment partager leurs réflexions sur ce que signifie être juif.

On sert des mets spéciaux à l'occasion d'Hanoukka. Par exemple, les crêpes aux pommes de terre, appelées latkes, sont populaires en Amérique.

En Israël, le soufganiot est l'une des friandises préférées. Ce sont des beignets fourrés à la confiture et saupoudrés de sucre.

Des soufganiots

Un dreidel

Beaucoup d'enfants reçoivent des petits cadeaux pendant Hanoukka, tels que des livres, des pièces de monnaie en chocolat ou un dreidel. Un dreidel est une toupie carrée dont chaque face porte une lettre hébraïque. L'hébreu est la langue des juifs.

Jouer au dreidel est amusant. La lettre qui figure sur la face supérieure à la fin de la rotation dit au joueur ce qu'il doit faire.

Certaines familles organisent des réceptions pour Hanoukka pendant lesquelles elles servent des latkes, des biscuits au beurre et des bretzels. Les membres de la famille chantent, dansent et jouent au dreidel. C'est une période de réjouissances.

Un enfant joue avec un dreidel.

Les mots que tu connais

célébrer

dreidel

hébreu

Maccabées

menorah

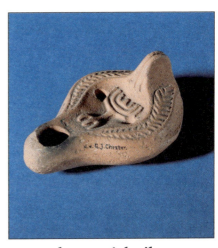
lampe à huile

chamach

temple

Index

bénédictions 15
bougies 12, 15
cadeaux 27
Canada 16
cérémonies 16
chamach 12, 15, 31
chant 23, 28
concerts 16
consacrer 8
course au flambeau 19
dates de la fête 11
défilés 16
dreidel 26, 27, 28, 29, 30
États-Unis 16
Fête de la Dédicace 11
Fête des Lumières 11

France 16, 19
hébreu 27, 30
Israël 16, 19, 24
Jérusalem 19
juifs 3, 4, 7, 16, 20, 23, 27
lampe à huile 8, 31
latkes 24, 28
Maccabées 7, 8, 30
menorah 12, 13, 15, 16, 18, 19, 20, 21, 23, 31
mets 24
réceptions 28
Russie 16, 20
soufganiots 24, 25
temple 4, 5, 7, 8, 31
tour Eiffel 19

Références photographiques

© 2007 : Bridgeman Art Library International Ltd., Londres/New York/Musée Ashmolean, Université d'Oxford, R.-U. : 9, 31 en haut à droite; Corbis Images : 3, 30 en haut à gauche (Charles Gupton), 18 (Richard T. Nowitz), 29, 30 en haut à droite (Royalty-Free); Index Stock Imagery/David Wasserman : 14, 31 en bas à gauche; Israelimages.com : 25 (Yuval Gilad), 22 (Cathy Raff); Landov, LLC/John Gillis/UPI : 17; Superstock, Inc. : couverture (Brand X), 13, 31 en haut à gauche (Shaffer/Smith); The Art Archive/Picture Desk/Dagli Orti/Bibliothèque municipale de Valenciennes : 6, 30 en bas à droite; The Image Works : 26, 30 en bas à gauche (Li-Hua Lan/Syracuse Newspapers), 21 (Tony Savino), 5, 31 en bas à droite (David Wells).